Natxi Polo

DESDE, PARA Y CON LA CONFIANZA

ISBN: 978-84-9984-602-6
Depósito Legal: GI-494-2024

Impreso en Catalunya

Girona, 2024

Confía en la ayuda de Dios y reconoce Su mano oculta obrando a través de todas las fuentes posibles.

HAZRAT INAYAT KHAN

Confiemos en nosotros, el Universo ya lo hace. Conoce mejor que nosotros mismos, nuestra esencia y nuestra singularidad. La confianza nos brinda este reconocimiento desde, para y con nosotros mismos.

NATXI & EVELYN

CUADERNO 1

Los dos movimientos necesarios para que un lanzamiento sea, son la expansión de la energía y la elevación. La expansión será la primera fase de la nueva vida en la Tierra y para ella todos aportaremos nuestras herramientas, útiles y eficaces, porque seremos más conocedores de nuestro Ser.

La elevación, en una segunda fase, será para contribuir a elevar la consciencia de la Humanidad. Tened CONFIANZA en que así será.

Expandir es ampliar la percepción de la realidad. Realidad que alberga las experiencias del Personaje, el Alma y el Ser y, al recordarlas, poner en práctica todo su conocimiento.

Los límites son solo ilusiones. Desde la expansión podemos ver, oír, oler, gustar y palpar sin los sentidos físicos porqué, la expansión comporta la fusión con la energía primigenia y desde ella, elevarnos.

Hoy la abundancia baja a la Tierra. Buen momento para pedir al Universo que ésta llegue a cada uno en la forma más adecuada.

Con CONFIANZA podemos transformar nuestra percepción de la realidad, permitiéndonos ser receptores de dicha abundancia, aunque nos hallemos sumergidos en una crisis general.

Estés donde estés. Seas quién seas, en el movimiento se origina la existencia.

Sin el movimiento, sin el latido, mínima expresión del movimiento, no existe vida. Vida, tal como la percibimos nosotros.

Expresémonos moviéndonos tanto internamente, para todos los procesos físicos de nuestro cuerpo, como externamente para mantenernos en un buen estado físico. Si el movimiento se frena o incluso desaparece, la degeneración es rápida y destructiva.

13

Solo hay que estar atentos al sentir y así, el Ser se manifiesta de una y mil formas para que podamos reconocerlo. Y desde ese reconocimiento, comprender que somos amados, cuidados y protegidos. Eso, debe bastar para continuar aquí y movernos desde la alegría, la CONFIANZA y la precisión.

Somos portadores de un halo energético que modifica y transforma el halo energético de todo lo que nos rodea y, lo que nos rodea, nos modifica y transforma. Para ser conscientes de este continuo intercambio debemos despertar los sentidos sutiles, los sentidos del Alma.

La expresión: "No lo sé" inconscientemente está muy presente en nuestro día a día. A veces incluso sin pronunciarla, en nuestros pensamientos aparece, muchas veces, frente a oportunidades que el Universo nos brinda para avanzar, crecer y evolucionar. Allí, inesperadamente, aparece el "no lo sé".

Cuando nos iluminamos, somos capaces de sorprendernos. Más cuando nos saboteamos y pensamos en expresiones como "no lo sé" podemos actuar desde la indecisión y eso nos lleva muchas veces a no hacer. Un no hacer, no desde el movimiento, restando en reposo, sino un no hacer desde nuestro poder, desconfiando de nosotros.

Nuestro cuerpo no está todo el tiempo activo. Cuando estamos despiertos las funciones de nuestro cuerpo se van alternando y entrelazando de forma natural. Nuestros sistemas y órganos tienen unos compases sincopados en los que se activan y desactivan.

Si estamos en equilibrio y en armonía el movimiento sincopado entre nuestros sistemas y órganos, no conlleva ningún desgaste energético porqué se compensan.

Pero si nosotros no estamos en consonancia con este movimiento, los desequilibrios impiden el buen funcionamiento de nuestro cuerpo.

El movimiento sincopado y natural que se da en el microcosmos y el macrocosmos, se da también entre ellos y nosotros. Dejémonos mecer por esta sinfonia natural comprendiendo que todo contribuye a que se interprete eternamente.

Si nuestras actitudes están en coherencia con nuestras aptitudes, todo lo que se ha de dar, se da.

Si nuestras actitudes y aptitudes están lejos de ir de la mano, el Universo no pueda dar lo que no se puede recibir y aprovechar.

Repasemos ante todo nuestras actitudes, sabemos que tenemos aptitudes suficientes para realizar cualquier cosa a la perfección.

Entreguémonos a la reflexión por algunos momentos y sentir en nuestro interior si hacemos todo lo que podemos, si hacemos todo lo que decimos, si pensamos en que podemos, si sabemos lo que queremos...

Si hay alguna cosa que nos falta. ¿De quién o de dónde debe llegar? ¿Qué debemos hacer para que nos llegue? ¿Nos sentimos cómodos en este papel? ¿Confiamos en nuestras aptitudes plenamente? ¿Son nuestros pensamientos coherentes con nuestras palabras y acciones?

¿Tenemos la voluntad suficiente para hacer, aunque nos equivoquemos o el miedo a equivocarnos nos impide la acción?

Hay muchos patrones originales de nuestra creación que se han convertido en patrones aprendidos, que ya no tienen mucha relación con los originales. Por eso, hoy, hay muchas técnicas para reescribir estos patrones y conectarlos con los originales.

Todo el conocimiento original respecto a la creación, al planeta, al Ser humano estaba en la biblioteca de Alejandría y casi todo se perdió.

Lo que aún existe, se mantiene oculto para que no llegue a la Humanidad. Solo los Seres humanos que despiertan acceden a todo este conocimiento, por partes, pero no de forma completa.

El poder del movimiento de la Lemniscata es un conocimiento olvidado. Todo en la creación realiza este movimiento, ya sea visible o invisible a nuestros ojos.

Es un movimiento que nos permite cambiar de dirección y sentido y cargarnos con un potencial que no se agota. Cada vez que pasamos por el punto central, punto de conexión, entre un aro y otro conseguimos subir un escalón en nuestro camino energético.

Es por este movimiento energético constante que se retroalimenta y produce una neblina de Luz en cada cuerpo.

Así, este movimiento se da en todo, en el Ser humano, la Tierra, cada cosa creada por eso, existe un halo energético o aura.

Si visualizamos este movimiento y lo hacemos con nuestro cuerpo nos conectamos fácilmente al Ser y a todo su conocimiento.

Si tenemos la sensación de que hemos fracasado, no nos preocupemos, de las cenizas nacen diamantes. Si esa es nuestra sensación es que vivimos desde nuestro Personaje y en este espacio/tiempo limitado.

Si dedicamos tiempo a sentir, a experimentar desde nuestra Alma y nuestro Ser, nos sorprenderemos traspasando estos límites y comprendiendo que no existe el fracaso. Que todo está bien. Que la vida desde el Personaje, el Alma y el Ser solo la separa un fino telón.

Cuando nos abandonamos, nos distraemos, nos acomodamos, traspasamos el telón hacia el lado limitado por el espacio/tiempo, la escasez, la tristeza, la enfermedad…

Paremos y, voluntariamente, conscientemente, traspasemos de nuevo el telón hacia lo infinito, hacia la abundancia, la salud, la CONFIANZA, la felicidad y el Amor.

CUADERNO 2

Hoy las puertas.

Inconscientemente en nuestra vida diaria traspasamos, constantemente, puertas que son las que nos llevan a vivir ciertas experiencias. Son como hojas de un libro o planos paralelos, tan sutiles que inconscientemente somos incapaces de percibir. Depende de en que plano nos movemos, recibimos un paquete de experiencias u otro.

Porque la realidad, se construye de todos estos planos que conviven en armonía en nuestro planeta.

También en nuestro cuerpo tenemos muchas puertas. Puertas que inconscientemente, a veces, cerramos. De ahí, los bloqueos y las disfunciones de la materia.

Saber dónde están esas puertas y abrirlas, si es necesario, nos permite volver al equilibrio.

Unas puertas importantes son los *chacras* pero hay otras, tanto o más importantes, que debemos reconocer.

El ciclo de vida es como el ciclo del agua. Es un movimiento eterno en el que intervienen los cuatro elementos y el impulso vital original.

Así, el agua nace en la montaña, de la lluvia y la nieve, recorre la tierra, y cuando llega al océano es calentada por el Sol y se desprende del océano para elevarse y llegar a las nubes. Nubes en las que se mantiene hasta que llegan las condiciones necesarias para que de nuevo en forma de lluvia y nieve regrese a la Tierra. Tiempo circular y eterno.

Si uno vive desde el Ser, no existen límites. Cuando uno se siente preocupado, insatisfecho, inseguro está viviendo desde el Personaje, el que asume los límites. Límites gravados en el inconsciente que impiden materializar deseos, propósitos y anhelos.

Si nos mantenemos en la CONFIANZA podemos traspasar cualquier límite.

Es importante para el Universo que todo fluya. Que todos fluyamos. A veces internamente es difícil de apreciar, pero también el Universo nos lo muestra en el exterior pues hay cosas que limpiar, hay cosas que vaciar, hay cosas que cuidar de forma especial.

La casa donde vivimos es como un templo y todos los templos deben limpiarse, especialmente los rincones. Porque es en los rincones donde se deposita la oscuridad, los miedos y la desconfianza, como polvo que cae sobre nosotros y no nos lo sacudimos.

Aunque sintamos que nuestra conciencia es madura y confiemos en ella, siempre hay que cuidar esta madurez para que cuaje, en el último momento, en un buen fruto.

Fruto en el que es más importante la apariencia interna que externa pues, dentro del fruto, al final, se esconden muchas cosas. Muchas emociones reprimidas y muchos miedos inesperados.

El mundo es como una paradoja. Hay muchas más semejanzas en todos y en todo, de lo que aparenta. Si algo en nuestra casa se atasca, es que estamos atascados.

El darse cuenta, el tomar consciencia, es importante para no perecer en el intento y superar el reto.

Estamos, aquí y ahora, en este punto, en este momento presente, para desplegar todo el potencial de cada uno y contribuir a la transformación de la Tierra y la Humanidad.

Esta transformación solo se consigue, si cada uno evoluciona y se transforma.

Es en cada uno que tiene lugar.

Los sonidos, esos olvidados, que favorecen el encuentro entre la materia y lo sutil.

Dejémonos envolver por los sonidos.

Dejémonos penetrar por los sonidos.

Y convertidos en ellos, viajemos más fácilmente para ir al encuentro del Alma y del Ser.

No olvidemos que siempre hay sonidos a nuestro alrededor. Algunos nos trasladan a otras dimensiones y otros nos mantienen enraizados en la Tierra.

Incluso durante el silencio, podemos percibir su sonido.

El sonido de nuestro nombre, el sonido de nuestra risa, el sonido de nuestros movimientos, el sonido de nuestras emociones, el sonido de nuestros pensamientos. Porque todo forma parte del canto universal.

El canto que, si lo escuchamos atentamente, nos invita a vivir desde el Amor y para el bien común.

El sonido del agua, el aroma de sándalo, la luz prendida en la vela, y nosotros en silencio ofreciéndonos al Universo. Cuando cerrando los ojos nos entregamos, nuestros límites desaparecen y aparece nuestro Ser.

Ya no vivimos desde lo concreto, la concretud, sino que experimentamos la totalidad. Es el vínculo entre lo concreto y lo total que nos refuerza y que nos permite modificar la realidad.

Dejémonos envolver por los sonidos.

Dejémonos penetrar por los sonidos.

Vivamos más a menudo desde nuestro Ser, en nuestra cotidianidad. Será beneficioso para todos, porque influimos en todo lo que ha lugar en el Universo.

En la medida en que lo inconsciente pasa a ser consciente, nos iluminamos y así conectamos, de nuevo, con el Mi Mismo. Ese Mi Mismo que se pierde muchas veces en el día a día, debido a la poca Luz que lo acompaña.

Confiemos en que la visión expandida de lo que ocurre en nosotros y a nuestro alrededor, nos facilita el pensar, decir o hacer desde este Mi Mismo, viendo al verdadero Ser que hay en cada uno y el primero que debe verlo, es uno mismo.

Todo tiene un mismo origen y es este origen que se expande por todo el Universo. Es en esta expansión que se crean todas las cosas, diferenciadas entre ellas. Cosas que tienen todas, un ciclo vital: nacimiento, crecimiento, decrecimiento y muerte.

Estas cuatro etapas, en el Ser humano, también están marcadas por una variable muy presente, aquí en la Tierra, que es el tiempo.

En cada etapa, ese tiempo conjuntado con el espacio tiene una velocidad de crucero concreta que debemos respetar. Respetar, significa aceptar y comprender. Esta aceptación y comprensión solo es posible desde la CONFIANZA y el Amor.

Es oportuno hoy, encontrar momentos para construir el camino de nuevo hacia el Origen, para ganar en CONFIANZA.

Sentir, en distintos momentos del día, que avanzamos hacia él, ya sea en la naturaleza, frente a una vela o a la Luz del Sol.

Dedicar tiempo a sentir que ya lo tenemos todo. Que ya somos todo. Que nada nos falta, es importante hoy.

Disfrutar de la contemplación, el entorno, el paisaje, los colores del cielo y la Tierra, los sonidos y, especialmente, el sentirse uno mismo. Porqué hoy, puede ser un nuevo nacimiento.

Uno de los propósitos más elevados es la materialización de la Luz. Y ese propósito es difícil de alcanzar porqué la Luz se rige por otros parámetros distintos a los de la materia.

Al contrario, la subtilización de la materia, experimentada por algunos Seres del mundo espiritual, es mucho más fácil de alcanzar y con lleva menos sufrimiento.

Hay muchos Seres humanos dotados de Alma que viven en la caverna. Aún no han decidió salir y experimentar que tienen alas.

Para que más Seres humanos dotados de Alma decidan salir a experimentar, hace falta que les llegue el mensaje adecuado, para cada uno y confíen.

A algunos les servirá un solo gesto.

Otros necesitaran de una larga argumentación, pero eso solo son pequeños detalles.

Solo hay que permitirse ser y desde esta permisividad, se dará todo.

Todo en el Universo está en tránsito y desde esta afirmación, nosotros también.

Estamos en tránsito en la vida y para transitar por ella y disfrutar, debemos hacer con sus experiencias, como con los alimentos.

Digerirlos, quedarnos con lo que nos es útil y necesario y liberar, dejar ir, expulsar, aquello que no nos beneficia.

Esa es la función del aparato digestivo y, muy especialmente, del estomago que disuelve, deshace, diluye los alimentos para que sean asimilables.

El peso que a veces sentimos en esa zona es debido a retroenlaces que hacemos a experiencias pasadas que nos han puesto en alerta y que creemos que es importante mantener vivas en nosotros para la supervivencia. Pero no podemos vivir en alerta toda la vida. Eso nos debilita, nos desgasta y nos enferma.

Escojamos vivir desde el Ser, con CONFIANZA en Él, pues colabora para que podamos transitar por la vida, más ligeros y felices. Y tomar consciencia que lo único que existe es el momento presente.

Irse no sin antes disolver la duda sobre si la vida es justa, es facilitar el camino hacia la Luz, a todo aquel que se va. Es en los últimos instantes que debemos tener presentes todos los buenos momentos compartidos, que los hay, y todo el Amor que envuelve esos bellos momentos.

Eso nos facilita la CONFIANZA, la mejor compañera para irse.

CUADERNO 3

La contemplación.

Contemplar es situarse en la vibración del Amor y mirar con atención todo cuanto nos rodea.

Contemplar es descubrir de todo cuanto nos rodea, lo que se relaciona directamente con nosotros.

Contemplar es admirar. Mirar hacia fuera para ver lo que hay dentro.

Contemplar es iluminar. Así podemos contemplar un paisaje e iluminar ese paisaje. Contemplar un rostro e iluminar ese rostro.

La contemplación hacia uno mismo nos facilita la iluminación.

Con todo nuestro interior iluminado, comprender todas nuestras potencialidades y lo que impide, que estas potencialidades se manifiesten fuera, en nuestra vida diaria.

La voluntad.

Todo está a nuestro alcance, depende de nuestra voluntad el que todo se resuelva.

Con una voluntad firme todo se alcanza, todo se consigue. Se supera cualquier reto.

La voluntad nace en el Ser y llega hasta el Alma, que conlleva esa voluntad hasta el Personaje.

Así pues, si nuestra voluntad es firme y auténtica, podemos facilitar que quien este frente a nosotros tenga voluntad para superar, también, sus retos.

No es en la flor sino en la semilla que existe todo el potencial de la creación.

Es, así mismo, la semilla que está protegida por una capa que la mantiene en hibernación hasta que las condiciones del entorno y el Universo son favorables para su desarrollo.

La semilla está constantemente en contacto, en íntima relación, con la información que recibe del entorno y que decodifica para saber si está ya sembrada o no y, también, recibe la información del Universo para saber si las energías son o no, favorables para su desarrollo.

Solo en el momento adecuado la semilla se libera de la capa protectora y se abre a la vida.

Llega, de nuevo, la primavera. Es un renacer de la naturaleza después de la monotonía crómica de otoño e invierno.

Se presenta frente a nuestros ojos, toda la riqueza de azules, amarillos, rosas, lilas, blancos... de las flores. Ellas son portadoras de esa energía infantil, inocente, alegre como si de niños/as se tratara.

Disfrutemos, con la mirada, de todos esos colores. De todas esas formas. De todos esos sonidos. Es como vivir en el gran paraíso. Un paraíso temporal que se abre en este mundo.

Disfrutemos de él. Es el momento.

Si sentimos que no vibramos en el Amor y la Luz, dediquemos tiempo a afinarnos para resonar en esas vibraciones.

Ya tenemos suficientes experiencias, como para no responsabilizarnos de nuestros pensamientos y nuestras emociones.

Sabemos que en el Universo existe la Ley de Causa/Efecto y, a veces, inconscientemente lo olvidamos.

Seamos, en todo momento, responsables de todo cuanto nos acontece y vivámoslo siempre para nuestro crecimiento y con CONFIANZA.

Crecer significa acercar nuestro Personaje a nuestra Alma y nuestro Ser y, fusionarlos en uno solo, para toda la eternidad.

Los patrones mentales heredados y adquiridos, no nos facilitan tener CONFIANZA, porqué la mayoría de veces buscamos fuera lo que la sustenta, siendo dentro de nosotros donde está el sustento, el alimento, para nuestra CONFIANZA.

Así pues, dejemos de soportarnos en lo externo y busquemos el verdadero sustento en nuestro interior.

Los razonamientos simples son los que nos permiten comprender mejor la realidad que somos. Así, cada cosa creada es una partícula de Luz que decide diferenciarse para experimentar, situándose en un punto concreto de la creación.

Las cualidades de la propia partícula y los condicionamientos del punto en que se fija conforman la realidad de una experiencia.

Es desde esa realidad que empoderándose es capaz de enriquecerse de todas las posibilidades que se crean. Y retornar, en un momento dado, a la Luz original.

Para esa partícula, todo es conocido, todo está hecho y todo es Amor.

La vida se puede disfrutar o malvivir, depende de cada uno de nosotros y de nuestra conexión con el Ser. Desde el Ser todo es posible, todo se facilita, todo es Amor.

Desde la experiencia del Ser vivimos agradecidos por todo lo que acontece.

Confiamos en que todo es para bien. Todo es para que evolucionemos, con Amor hacia nosotros y hacia todos.

La capacidad de adaptación al movimiento, tanto interno como externo, es el que nos permite vivir y no morir.

Esta adaptación a cada movimiento nos llega del entorno y de nuestro interior, es la facultad que se mueve desde la comprensión.

La comprensión amorosa hacia nosotros mismos, en primer lugar, y luego hacia todo lo que está en contacto físico o sutil con nosotros.

La práctica de la comprensión amorosa es el arte de vivir.

Qué más podemos pedir sino experimentar este sentir que conmueve la materia.

Vivir desde el sentir, más concretamente, es participar plenamente de la creación.

El sentir que nos emociona y fabrica las lágrimas nacidas del Amor.

El sentir que nos vivifica, nos regenera, nos sana, nos ilusiona y nos alegra.

Ese es el sentir que debemos cuidar, alimentar y sembrar, en beneficio de todos.

Es desde mi centro alineado que mi eje se alarga hasta el infinito y alcanza la Luz.

Así iluminado todo se posibilita. Todo se facilita para que pueda disfrutar de la experiencia de vida. De la verdadera vida, la que todo lo contiene y a la que nada le falta.

Así iluminado la vida es otro vivir.

Así cuidado la vida es para disfrutar.

Así amado la vida es para compartir.

Así protegido la vida es para avanzar.

La vida se da. La buena vida se nos da a cada instante. Desde la Luz, así es.

Nuestra mente es muy poderosa. En la condición humana solo es un instrumento, pero en nuestra vida diaria toma el timón y no nos permite expresar nuestro corazón.

Dedicamos, a veces, demasiado tiempo a las elucubraciones mentales sobre el Ser humano y la sociedad.

La mente, la razón, es una compañera necesaria para nuestra evolución pero no debe coartarnos, ni limitarnos para vivir.

En nuestro origen, el corazón era copartícipe en nuestra vida.

Hoy, para muchos Seres humanos lo que cuenta es, solo, lo mental.

El raciocinio no es esencial en el Ser humano. Racionar es partir la Unidad en fragmentos para poder digerirla mejor, para poder entenderla y acogerla.

Pero nosotros ya somos la Unidad. Si la Unidad está en nosotros, no tenemos necesidad de racionar.

Seamos conscientes de ello.

Es, aquí y ahora, que mi Ser, mi Alma y mi Personaje se sincronizan.

Mi Ser es el agua que recorre desde la montaña al mar y regresa a la montaña.

Mi Alma es el subsuelo por el que circula el agua y queda impresa su huella.

Mi Personaje es este espacio/tiempo en el que hay tierra y agua.

Somos como un cristal que recibe la Luz del Sol y la potencia.

Ese cristal es nuestro corazón y, así, descomponiendo la Luz compone la vida.

Una vez compuesta, libera de nuevo la Luz para que haga su camino.

Todo tiene su significado, y con eso queremos referirnos a la razón de ser de cada cosa. Uno puede vivir la vida sin conocer el significado, pero nuestro objetivo es conocer el significado de todo lo que experimentamos.

En la creación todo se adapta a su receptor. Está todo al alcance de todos, pero cada uno, como Ser único, se impregna en mayor o menor medida del significado de lo que vive.

Significado es una palabra que admite pocas parejas, la más adecuada es profunda, intrínseca y eso nos lleva a vivir desde nuestro interior, en donde se halla el libro de vida de cada uno con todos sus significados. Es un diccionario particular y único que se adapta a cualquier cosa creada.

Así para uno la palabra silencio tiene un significado y para los demás otro.

Porqué la experiencia del silencio interior es particular para cada cosa creada.

No hay impedimento alguno para que todo lo creado experimente el silencio interior, es más, se propicia en el Universo esta experiencia. Y así escuchar el silencio y discernirlo del no silencio.

El silencio es único, el no silencio es múltiple y variado sin entrar a juzgarlo como beneficioso o no para nosotros.

Lo cierto es que el silencio nos renueva.

El no silencio nos marchita.

Inmersos las 24 horas del día, los 7 días de la semana en el no silencio, comporta los desequilibrios que se manifiestan en la materia, desde las formas más sutiles a las más físicas.

Hágase el silencio en nuestras vidas, así alcanzamos la renovación.

CUADERNO 4

El Universo o la creación son como una única e infinita onda con movimiento propio que mueve todo lo que contiene.

Así, el movimiento es natural en nosotros. Debemos aceptarlo como intrínseco en nosotros.

Vivir con el movimiento, nos permite conocernos mejor y aceptar las subidas y bajadas como parte de este movimiento.

Así como la Luz crea la sombra, el movimiento crea la oscilación, que se encuentra infinitas veces en el punto medio.

Este punto medio que queremos mantener en el tiempo y que no nos es posible porqué no es concreto sino abstracto.

Esa cuerda es la del Universo. Ese es el movimiento continuo entre dar y recibir, vivido en nosotros mismos.

Si este dar y recibir esta en equilibrio, la abundancia nos acoge para toda la eternidad.

Experimentemos que todo es movimiento y aceptémoslo sin juzgar.

A lo largo del día los rayos del Sol van cambiando su composición para adaptarse a las necesidades de cada uno de los *chacras*.

Así, cada *chacra* recibe la Luz adecuada para poder realizar correctamente sus funciones.

Cada *chacra,* está conectado a un órgano, una glándula o un sistema del cuerpo y es gracias a esa Luz, que nos mantiene en el estado de bienestar.

Debemos conectarnos intencionadamente con el gran Sol central, desde nuestro sol interior para sentirnos unidos.

Conectar nuestro sol interior, con el sol interior de cada uno, para sentirnos unidos e iluminar la Humanidad.

Agradezcamos al gran Sol central, su Luz y su alimento.

Las arcillas.

Según la biblia Dios creó al hombre de los fangos, de la arcilla. Las arcillas mantienen latente la información primigenia, el conocimiento de cómo funciona la vida en la Tierra. Conocimiento ancestral y vivo, en todo el planeta.

Las arcillas inducen a un proceso de desfragmentación en el Ser humano ordenando, limpiando y optimizando el espacio para almacenar la información.

La toma de arcillas es ejecutar una aplicación necesaria para que los programas que están cargados en nuestra materia se ejecuten correctamente y de forma efectiva.

También se dice que de estos fangos vienen estos lodos. Por el paso del tiempo nuestra conexión con la Tierra, con nuestra esencia, se pierce. Así, vamos instalando información nueva que va desordenando la información primigenia.

Hay que conectar con la Tierra y con nuestro origen para vivir en el gran paraíso.

Somos tierra, venimos de la tierra y a la tierra volvemos.

Somos agua, venimos del agua y al agua volvemos.

Somos fuego, venimos del fuego y al fuego volvemos.

Somos aire, venimos del aire y al aire volvemos.

Somos una composición única y singular de los cuatro elementos. Confiemos en que encontraremos nuestra proporción singular.

Algunas veces, miramos la nuez y no nos atrevemos a abrirla, aunque sabemos que dentro encontraremos el fruto.

A veces preferimos contemplar la nuez.

Esa contemplación está motivada por el miedo más que por el Amor. Para el miedo, romper la nuez es símbolo de separación y de ruptura. Aunque para el Amor romper la nuez es símbolo de liberación y abundancia.

Si nos mantenemos en la contemplación de la nuez veremos que, con el tiempo, la propia nuez se abrirá para germinar, crecer y dar de nuevo la nuez.

El tiempo es nuestro gran aliado. Nos respeta, si somos coherentes con nuestro sentir.

No todo depende de una única variable. Hay variables sutiles que también tienen un peso específico importante. Dependerá, en cada momento, de estas variables, cómo se combinan, del efecto final de la combinación, para ver el resultado.

Resultado que en ningún momento debemos juzgar como positivo o negativo, porqué para el Alma y el Ser, puede ser beneficioso.

Solo podemos gestionar la información que recibimos con los procesos internos que tenemos activos. Así todo lo que penetra en nosotros es transformado por estos procedimientos, para crear nuevos procedimientos y con el tiempo alcanzar a transformar más y más información.

Transformación que conlleva, por una parte la sintetización de nuevos procedimientos y por otra la modificación de los ya existentes.

La evolución consiste en ser capaz de gestionar la información nueva, seleccionarla, priorizarla, de forma rápida y eficaz.

Esto podemos alcanzarlo si sentimos en nuestro interior todos los procedimientos.

En el mismo instante, procesamos no solo la información que nos permite evolucionar, sino que despreciamos la que nada nuevo nos aporta.

Conseguir distinguir la información evolutiva de la que nos mantiene absortos es una práctica importante.

Es en momentos de expansión que puedo ver todos mis Yos y descubrir, de entre Ellos, a mi Alma y a mi Ser.

Los descubro fácilmente porqué mi Alma se mueve desde el Amor y mi Ser desde el Amor incondicional. También mi Alma posee la información y mi Ser, el conocimiento.

Con mi Alma siento la verdadera armonía y con mi Ser alcanzo la Luz.

Mi Alma constantemente me relaciona y mi Ser me brinda la eternidad.

**En colaboración con mi Alma y mi Ser,
trasciendo la materia** para ver en ella la no
materia.

Lo vacío dentro de lo lleno.

Lo discontinuo dentro de lo continuo.

Lo difuso dentro de lo concreto.

Todo lo siento en mí.

Todo está en mí.

**Todos encontramos en nuestro camino a
grandes Seres**, algunos de Ellos en forma de

grandes árboles. Acerquémonos a Ellos pues tienen muchas cualidades.

Así, si encontramos un sauce en nuestro camino, nos proporciona paciencia: paz y ciencia.

Se trata, solo, de colocarnos bajo sus ramas y respirar conscientemente para ser penetrados por la energía de la paciencia. Entrará en nosotros por todos los poros de nuestra piel, sintiéndonos renovados, sanados y fortalecidos.

Agradeced a todos esos Seres su aportación. Encontraréis muchos a lo largo de vuestro camino y comprenderéis que siempre os llega lo que necesitáis.

Sed pacientes en vuestro día a día, os llegará la Paz y la ciencia que os conecta con la esencia de toda cosa creada.

La agresividad está muy presente en nuestro día a día. Conectados, casi constantemente, a las redes de comunicación recibimos grandes dosis de agresividad, con la publicidad, entre otras cosas, que nos machaca una y mil veces, para hacernos creer que necesitamos cosas materiales y externas para realizarnos.

Así, hasta que en nuestro inconsciente se generan otras aplicaciones y se priorizan, frente a las que nos posibilitan sanarnos de esta agresividad. Las aplicaciones naturales que nos dicen que todo va de dentro hacia fuera. Por ejemplo la alegría, la CONFIANZA, la salud, el realizarse nace dentro de nosotros, no fuera de nosotros.

No seamos agresivos, tampoco, para con nosotros mismos y respetémonos. Si nos conocemos, no hay razón alguna para omitir este respeto y, si no nos conocemos aún, interioricémonos para reconocernos como lo que realmente somos.

La agresividad, ya sea interna o externa, agrede también a nuestra Alma y nuestro Ser. Si no la frenamos, nos puede llevar a la destrucción y ese no es nuestro destino.

Hay muchas miradas hacia el Ser humano y su relación con el planeta Tierra.

Una mirada de un inuit, puede ser la de que el Ser humano está profundamente integrado en el conjunto del planeta Tierra. Integrado, quiere decir completado por todo lo que pertenece a este conjunto.

Así, vivir desde la complitud, es vivir en la abundancia, de todo lo que nos completa, lo que nos hace íntegros.

Encontrando la justa medida en relación con todo lo que nos rodea. Una justa medida que posibilita al otro, ser.

Las reacciones de nuestro cuerpo son, muchas, inconscientes hacia elementos que creemos intrusos o invasores.

Las acciones de nuestro cuerpo son beneficiosas para nosotros.

Dediquemos tiempo a descubrir si los intrusos o invasores son realmente, intrusos e invasores.

Descubramos que hay reacciones de nuestro cuerpo que no deberían tener lugar, porque la mayoría de reacciones no son beneficiosas para nosotros. Solo que por nuestros hábitos, no comprendemos que, a veces, es necesario el desequilibrio para reequilibrar algunos rincones de nuestro cuerpo.

Es importante alcanzar a ver o darse cuenta de los muchos regalos que el Universo nos brinda cada día, dejándonos siempre la libertad para acogerlos o no.

A veces son regalos sutiles que no alcanzamos a abrazar y otros son regalos evidentes que no podemos negar.

Debemos dedicar tiempo a sentir para comprender y cuando uno comprende, es más fácil aceptar cada experiencia de nuestra vida como material que nos facilita la evolución.

Si no lo sentimos así, debemos preguntar qué es lo que distorsiona nuestra percepción.

Muchas veces somos nosotros mismos, en especial , nuestra mente y nuestras emociones.

Tomemos consciencia que somos muchas cosas más que nuestros pensamientos y nuestras emociones. Somos Seres de Luz que se mueven desde el Amor.

CUADERNO 5

Somos Seres sintientes y todo lo que nos conforma es sintiente. Así nuestras células, Seres microscópicos sintientes, sienten en cada momento lo que nosotros sentimos.

Dejémonos, siempre que sea posible, inundar por el sentir amoroso que nos conecta con todos y con todo.

Ese sentir que hace latir, con más ímpetu, nuestro corazón y humedece nuestros ojos.

Experimentemos, cuanto más tiempo mejor, este sentir y todo se resolverá aproximándonos, más y más, hacia la Luz.

Este sentir es sanador. Transformador. Concienciador. Dador de vida.

Es desde ese sentir que todo se equilibra y se armoniza, en un instante, si el sentir es auténtico.

Hay muchos sentires que no nos pertenecen. Liberémoslos y acojamos solo el sentir original. El dador de vida.

Así, después de este sentir, veámonos vivificados, sanados e iluminados por el sentir del Creador y fusionémonos con Él.

Será en esa fusión de Creador y creado que la Luz lo iluminará todo para toda la eternidad.

Cuando nacemos nuestra sombra es insignificante. En la media en que crecemos nuestra sombra crece, pero está dentro de nosotros hasta que alcanzamos el mediodía de nuestra vida, que es el zenit. Es el momento propicio para que nuestro sol empiece a irradiar.

A partir de este punto, nuestra sombra aparece delante de nosotros y crece a lo largo de los años hasta que se pone el sol, o lo que es lo mismo, finalicemos nuestra vida. Por eso nuestra madurez y vejez son difíciles. Nos volvemos rígidos y perdemos fuerza.

Si en el zenit de nuestra vida, que es un punto particular para cada uno, logramos que nuestro sol interior brille, conseguiremos vivir una segunda parte de nuestra vida en mejores condiciones, ya que nuestro sol interior diluirá nuestras sombras.

Cuando los vientos son favorables en nuestra vida de cada día, nos es fácil disfrutar de la vida. Casi sin esfuerzo, algunas veces transitando, a veces incluso olvidando, que toda experiencia comporta un aprendizaje.

Cuando los vientos no son favorables, en nuestro día a día, debemos ejercer nuestra fuerza interior para escoger que dirección favorece nuestro avance y debemos poner en práctica los aprendizajes que hemos adquirido.

Eso requiere de un esfuerzo que se inicia en nuestro corazón, abriéndolo y con CONFIANZA continuar nuestro camino.

Cuando los vientos son contrarios en nuestro día a día, es bueno parar y no hacer. Pues el sobreesfuerzo que se requiere para seguir avanzando es grande y podemos desgastarnos.

Si continuamos podemos llegar a otros caminos no escogidos, más difíciles. Caminos peligrosos que nos aportaran experiencias difíciles de comprender.

Parar en un momento dado puede ser la mejor acción. Preguntarnos el para qué de estos vientos, descubrir dónde nacen, de dónde vienen, hacia dónde van.

Toda la información que podamos recoger
será útil para cuando los vientos encalmen,
continuar el camino fácil que ya hemos
iniciado en otro momento de nuestra vida.

Porque la vida es simple.

El camino es fácil y nosotros disponemos
de la energía y el tiempo necesario para
llegar al destino en buenas condiciones.

No siempre verbalizamos todo lo que nos envuelve en el día a día. Especialmente las preocupaciones sobre cómo nos llegará el dinero, los dolores que sentimos en nuestro cuerpo físico, el momento socio-económico y político que vivimos, los actos violentos cotidianos en nuestro entorno, la contaminación de la naturaleza… Y estamos tan atentos a estas y otras preocupaciones que ya no podemos ocuparnos de nada más. ¡Qué lástima!

Gastamos nuestra valiosa energía en estas ocupaciones y no nos ocupamos de las que nos aportan energía y en consecuencia bienestar, salud y felicidad.

¡Convivimos diariamente con nuestros compañeros: la angustia y el agobio y no los podemos transformar en Amor!

Con lo fácil que es teniendo la primera letra, la "A", para construir la palabra.

Tampoco debemos vivir dirigiendo nuestra atención a cómo viven, sienten o se mueven los de nuestro entorno.

Ocuparse de los demás, cuando no hay necesidad, es un trabajo inútil.

Seamos capaces de ocuparnos de nosotros. Aceptar que estamos acompañados de miedo y duda y eso nos limita y nos paraliza.

Entreguémonos a la vida con una sonrisa, con CONFIANZA en el Universo, en el Verbo creador.

Solo viviendo y ocupándonos de nosotros, transformándolo todo en Amor, viviremos felices, sanos y disfrutaremos de esta experiencia de vida.

La meditación conlleva el sentir y desde el sentir es fácil orar.

Orar es escuchar la voz interior y repetirse para uno mismo, lo que esa voz dice.

Orar implica agradecer. El agradecimiento tiene un lugar preferente en el momento de meditar. Así somos justos con el Universo, porqué encontramos más fácilmente nuestra justa medida, entre hacer y no hacer, entre pedir y agradecer, entre sentir y ser.

Todo, forma parte de nuestra vida, aquí, en la Tierra.

Todo tiene su lugar y su tiempo.

Lo importante es vivir el Ahora.

La Luz no está fuera sino dentro. Sentir este conocimiento a diario, es lo que nos permite vivir desde el Amor.

Dedicar tiempo a este sentir es necesario para mantenerse íntegro, confiado, poderoso. Toda la información que llega no es para recopilar sino para practicar.

Conocemos como funciona la vida y es desde dentro hacia fuera, hasta que de nuevo nos es devuelta.

No podemos dejarnos poseer por lo que no es nuestro. Solo debemos acoger lo que ya se ha creado en nosotros.

Vivir responsabilizándonos de todo, sin pasar la responsabilidad a otros o al entorno nos impide disfrutar de las cosas cotidianas. Responsabilizarnos de todo lo que movemos desde nosotros permite que cada uno tome la parte de responsabilidad que le facilita crecer.

Cuidemos a los niños de hoy que son los adultos de mañana. Acompañémosles sin imponerles nuestro ritmo.

Tienen el vínculo con el Origen activo.

No se lo desactivemos, inculcándoles nuestro modo de vivir, nuestra manera de razonar, nuestra forma de amar.

Respetemos su tiempo. Se demostrará, si así lo hacemos, que ellos son la transformación de esta Tierra, en la nueva Tierra.

Estemos atentos a su forma de moverse, a su manera de actuar, de ser, nos rejuvenecerá y conectaremos más fácilmente con el Origen impregnándonos de toda la energía primigenia que nos permite ser: Amor y Luz.

Encontremos en nuestra vida la medida justa de todas las cosas. Dejando de vivir en la desmesura de no parar, del comer, del pensar, del emocionarnos. La desmesura de la información "basura" que contagia nuestro Ser.

Limpiémonos con la meditación.

Alimentándonos y reconociéndonos como lo que somos: Amor y Luz, desde siempre y para siempre.

Tenemos en nuestro cuerpo muchísimos *chacras*, puntos que conectan con frecuencias bien variadas.

Es importante, hoy, saber para cada Ser, cuáles deben mantenerse activos y cuáles, no. Es un conocimiento que debe moverse, aquí, en la Tierra.

Abrir y cerrar, puertas y ventanas de nuestro cuerpo pues son conexiones que nos facilitan o nos privan de ser, lo que en esencia somos.

CUADERNO 6

Cual abeja que descansa sobre el agua y, una vez refrescada, emprende el vuelo, así debe ser en ti, experimentar en la Tierra.

De la fuente permanente nacen y mueren los mundos, semejantes a las esferas de agua y aire que se crean y se destruyen, a cada instante.

De un mismo tronco millones de hojas, miles de ramas, cientos de sugerencias que remolinan en sí mismas para reconocerse.

Hay tantas cosas por experimentar, por conocer, por practicar.

Adoptar las cualidades de los niños es necesario para que no nos limitemos, no dudemos en experimentar, en conocer, en practicar cosas nuevas, cosas olvidadas, cosas inspiradas en el Ahora.

Experimentar la Paz interior nos permite pacificar nuestro exterior: nuestra mente, nuestras emociones y nuestro espíritu.

Experimentar la alegría de vivir nos permite alegrar la vida nuestra y la de los del entorno. Y así, alegres, entregarnos a cada experiencia confiados.

Experimentar la Luz ilumina nuestra Luz para disolver las sombras creadas por la luz exterior. Nuestra Luz interior debe ser clara

y permanente, para confiar en nosotros y en el Universo, aceptando que todo está bien.

Hay muchas biografías interesantes a tener en cuenta pero las realmente imprescindibles son las biografías en las que el Personaje se transforma en el Ser. Y ese Ser se manifiesta en sus acciones, en su obra ya sea artística, literaria, profesional, cotidianamente.

Tener en cuenta estas biografías y fijarse en los momentos en que el Personaje se acerca, más y más, al Ser nos puede ayudar en nuestro camino.

Esos Seres perduran para toda la eternidad porque reviven, en muchos de nosotros cuando pensamos, hablamos y hacemos referencia a Ellos.

Si todos llegáramos a manifestar al Ser, la vida en la Tierra sería distinta. Andemos el camino particular de cada uno dejando al ego y los apegos que nos impiden manifestar al Ser.

Para ello debemos dedicar tiempo a reconocer al ego y los apegos y una vez reconocidos que contribuyan a manifestar al Ser.

Se necesitan, en la medida justa y en el momento adecuado, para acercarnos más y más al Ser.

Si lo conseguimos, si lo manifestamos, la muerte no supondrá ninguna transformación porque ya se habrá dado en vida.

Toda la información que nos llega, podemos hacerla nuestra. Toda es útil para nosotros, en ese momento.

Nos indica en qué aspectos, en qué puntos debemos poner la atención y practicar para evitar males en el futuro.

Aunque en principio parece que no nos incumbe, que no es para nosotros. Si llega a nuestros oídos es que hay algo en ella, que es importante.

Descubrir el mensaje que lleva implícita, a veces, es difícil, pero tarde o temprano, comprendemos.

Hoy el agua.

Elemento importantísimo para nosotros y para la naturaleza. Debemos activar en el agua aquella información que sentimos que necesitamos.

Toda carencia puede resolverse a través del agua y con tiempo.

No dejemos de experimentar.

Seamos constantes y nos sorprenderemos.

¡Aguacémonos!

Hagámonos agua para experimentar sus cualidades, sus propiedades y su poder.

Estaremos en todos y en todo.

Agradezcamos. Acojamos. Bebamos. Reguemos. Limpiemos. Invoquemos. Abracemos el agua.

La vida es un proceso que nace en el punto cero o energía infinita. Siempre hay quién nace o quién muere, pero la vida continúa igual.

Por otro lado, nuestra vida es distinta y cambiante cada nuevo día.

La facilidad de adaptación al cambio es lo que nos permite seguir disfrutando de la vida. Mantener el movimiento facilita la adaptación. El cambio es intrínseco a la vida y eso a veces, nos asusta.

No nos volvamos rígidos porqué la rigidez rompe el curso natural de la vida. Rompe tejidos, rompe células, rompe pactos, rompe parejas, rompe familias, rompe gobiernos, rompe religiones, rompe países, rompe montañas, rompe ríos...

Trabajemos nuestra rigidez para no rompernos. Una vez rotos es difícil volver a componernos. Siempre se pierde algo en el camino.

Todos necesitamos tener un espacio/tiempo para expresar nuestro entusiasmo. El verdadero entusiasmo es el que se refiere a la vida misma.

No es el entusiasmo concreto de nuestro proyecto o nuestro trabajo o una experiencia. Este entusiasmo es como un fuego de artificio que explota, nos hace decir: ¡Oh! Pero enseguida se apaga.

Seamos capaces de entusiasmarnos por la vida misma, y que no sea tan huidizo como el fuego de artificio y se mantenga en nosotros permanentemente.

Viviremos constantemente en un ambiente feliz, pudiendo expresar este entusiasmo por la vida, en cualquier momento.

Hay muchos procesos o experiencias que se viven limitados, por lo que se entiende son las leyes terrestres. Las que una gran mayoría conoce y experimenta.

Pero, también, existen otras leyes, lejos de este contexto limitante, que se cumplen en el Universo. Cuanto más cercanos nos sintamos al Universo, más podremos experimentar con esas leyes universales.

Depende de cada uno de nosotros y del propósito del Ser que, por alguna razón que nos es desconocida, prefiera guardar esta experiencia con las leyes universales, para otra vida.

Respetar el experimentar, en uno u otro nivel, es necesario para mantener el vínculo amoroso con todo lo creado.

La información para la nueva vida en la Tierra, ya está en muchos de vosotros. Pero hace falta pasar esta información a la práctica para que sea una realidad. Los conceptos de los nuevos tiempos: colaborar, cooperar, compartir, deben practicarse para reforzarse.

Así por otro lado la acumulación de riqueza, la explotación de los Seres humanos y de la naturaleza y la injusta repartición de los recursos, irán disolviéndose.

Confiemos en el Universo.

Reconozcamos que necesitamos cada vez menos cosas materiales y más tiempo, silencio, meditación para sentir la anhelada tranquilidad y el bienestar.

CUADERNO 7

Todos formamos parte de un todo mayor y un todo menor. Para que todo se cumpla, todo se contenga, lo tenemos todo en cada uno.

En nosotros están los cuatro elementos, las cuatro estaciones, los contrarios complementarios. Gracias a ellos conseguimos mantenernos.

Difícilmente estamos en armonía todo el tiempo pues el movimiento interno y externo es constante.

Cuanto más movimiento interno, más movimiento externo. Cuanto más silencio y pausa interna, más silencio y pausa externa.

Entendiendo movimiento, silencio y pausa, como el fluir natural de la vida.

Como dijimos en otro momento, somos acompañados, conducidos, llevados.

Acompañados, siempre a lo largo de nuestra existencia.

Conducidos, algunas veces, cuando no podemos comprender ciertas experiencias y nos es difícil aceptarlas y fluir, aún sin comprender.

Llevados, cuando nos oponemos a vivir ciertas experiencias y accionar en consecuencia frente a cada una de ellas, para que el fluir se cumpla.

Intentemos en todo momento, vernos como un todo, sin juzgarnos ni compararnos.

Ya somos todo, y dejémonos acompañar todo el tiempo sin necesidad de ser conducidos o llevados.

¿Por qué con todo el conocimiento compartido, aún está presente la duda y el miedo?

¿Por qué nos entristecemos?

¿Por qué nos enojamos?

¿Por qué pretendemos llegar a lugares que no nos benefician?

Todo el conocimiento compartido es para vivir entregados a la vida, con la plena CONFIANZA, de que en todo momento estamos cuidados. Que todo lo que vivimos es para nuestro beneficio. Que la actitud de vida solo depende de nosotros y muchas veces lo olvidamos.

El tránsito de la materia a la no materia es la prueba más importante para la evolución personal. Si lo hacemos como somos, con la CONFIANZA, con el agradecimiento, esforzándonos en ser mejores… Eso se da, también, en el tránsito de la materia a la no materia.

Así nos vamos limpiando y el camino hacia la Luz es rápido y simple.

Si en nuestro día a día nos olvidamos del buen vivir y nos dejamos llevar por la preocupación, la tristeza, el miedo, el rencor.

Por pretender ser lo que no somos, nos es difícil este último transitar.

Aceptemos este periodo de vida aquí en la Tierra como un regalo, una oportunidad, que nos facilita una despedida con más Amor y menos dolor.

Ese es un difícil aprendizaje que, a veces, no se alcanza en una sola vida.

Cuanto más cercanos a la muerte, más importante es vivir. Vivir es disfrutar de cada instante. Es saber escoger qué comer, qué decir, qué pensar, qué hacer y compartir ese saber.

Es desde ese saber que uno alcanza la tranquilidad necesaria para que tanto nuestra mente, nuestras emociones, nuestro cuerpo y nuestro espíritu se unan y cooperen en acciones pro-vida.

Vivir es profundizar en el mar de la vida y dejarse envolver confiando plenamente en que nada malo va a ocurrir.

Vivir el Ahora, el momento, practicando la justa medida nos facilita este vivir pleno.

La Terapia *Homa*.

No hay ningún fuego igual. Como no hay ninguna forma creada igual a otra. Si hay semejanza, pero al mismo tiempo se disfruta de la singularidad.

Para el fuego el escenario es el mismo.

El combustible es el mismo.

El ritual es el mismo, y cada vez es único en su forma, su movimiento y su intensidad.

Así podemos vislumbrar una pequeña ojeada de la creación y casi no alcanzamos a imaginarla.

¿De qué depende, pues, el fuego?

De la cantidad de estiércol.

De la cantidad de *ghee*.

De la distribución en la pirámide…

Así, el Creador tiene el potencial infinito de la creación.

Así, el fuego tiene el potencial infinito de la creación.

Reconozcámonos cada uno, en el Creador y en el fuego para crearnos a nosotros mismos, cada nuevo día.

Distintos al día de ayer, pero semejantes en el presente.

Dejémonos moldear.

Dejémonos mover.

Dejémonos recrear en este espacio/tiempo.

Aceptando que todo cambia y, al mismo tiempo, perdura.

Sintámonos Universo y experimentemos este sentir. Podemos experimentar cosas nuevas y distintas, en cada momento. Hay muchos Seres que dedican su vida a éste sentirse universo.

Se dice que todo está en nosotros y ese sentir lo confirma. Nos será más fácil poder extrapolar lo que experimentamos en cada uno de nosotros, a lo que sucede a nivel universal.

Todo está a nuestro alcance, depende de la disponibilidad de cada uno a dejarse sentir libremente en cada momento.

Hay que estar despierto, para que pueda ocurrir.

El orden en el Universo empieza en cada cosa creada. No es que el Universo ordena a la Creación, sino que cada cosa creada contiene en sí misma el orden.

Orden que puede llegar a entenderse como la forma en que vivimos la vida.

De nosotros nace el Amor y la Luz. De nosotros nace la CONFIANZA y la fe. De nosotros nace la entrega y el no hacer.

Así, el Universo experimenta desde estas cualidades que se reflejan en todo su perímetro y nos son devueltas.

No esperemos nunca esas cualidades, sino están ya en nosotros, porque como todo en el Universo, hay repulsión y atracción.

Energías iguales se atraen.

Energías opuestas, se repelen.

Todo puede expresarse como una vibración. Así, la vibración que se concentró y envolvió al *Tryambakan* permanece aún en nosotros, como una reverberación y estará en nosotros algún tiempo. Tiempo necesario para que penetre en los espacios vacíos de vuestro cuerpo.

La energía de cada *Tryambakan* es distinta porqué conecta con la energía primigenia de ese espacio y, lo limpia de energías impostoras que se han instalado allí con el tiempo.

También, realiza ese trabajo en nosotros porqué, con el tiempo nos alejamos de nuestra energía original.

Para llegar a esta energía original hay que recorrer un camino y en el punto del camino que alcanzamos para descansar, es la vibración más adecuada. En ese momento se produce el ordenamiento de cada una de nuestras partículas como en el fenómeno de la cimática, en patrones geométricos.

Tener la percepción de que las cosas no cambian. Que son estáticas, es una percepción errónea de nuestra mente.

Todo cambia a cada instante.

Las múltiples variables que construyen nuestra realidad son, como dice su palabra, variables y cambian a cada instante.

Solo cuando las variables que cambian tienen un peso especifico importante, no podemos negar ese cambio en nuestra realidad o en nosotros mismos.

Así pues, conceptos como monotonía, aburrimiento. Expresiones como todo me da igual, etc. no debería formar parte de nuestro vocabulario. Son una falsedad.

El cambio permanente en nosotros y en el entorno es fundamental experimentarlo para vivir en la realidad.

Alegrémonos por todo el avance de los demás. Limpiémonos para poder alegrarnos.

No somos nuestras emociones, no nos dejemos poseer por ellas.

No somos nuestros pensamientos, no nos volvamos serviles hacia ellos.

No somos nuestro cuerpo físico, no nos entreguemos a sus dolores.

Siempre que nos sintamos vencidos por alguno de estos tres aspectos, limpiémonos con la brisa de la Luz y del Amor.

Si hace falta, sumerjámonos en el agua de la bondad y de la comprensión.

Si aún así, nos es difícil, enraicémonos en la Tierra, para que Ella nos limpie y nos vivifique.

Si todavía no lo conseguimos, mostrémonos ante el Sol, ese fuego sagrado que nos llega en cada momento y frente a Él, dejémonos transformar en lo que realmente somos.

Solo limpios seremos capaces de experimentar todo el bienestar de sentirnos en casa, en esta experiencia de vida.

Es, en ese momento, en el que realmente somos nosotros, sin necesidad de aparentar nada.

Es en casa que nos desnudamos y nos reconocemos frente al espejo, como parte de la creación. De la creación basada en el movimiento intencionado del Amor y la Luz, para todos y para todo.

Todo es Amor.

Todo es Luz.

CUADERNO 8

La atención plena comporta la práctica de la intención no solo para sobrevivir, sino para vivir y ser transformados.

No solo nos alimentamos sino que, intencionadamente, asimilamos los alimentos para nutrirnos y así, transformar nuestra materia.

La práctica de la intención nos permite conectar más fácilmente con nuestro Ser y manifestarlo. Así, descubrir cuan poderosos somos y escoger ser, con todos los beneficios que eso conlleva.

La vida es una práctica constante con la intención. Si está presente en nuestra vida todo se transforma. Si solo vivimos, nos dejamos llevar como una veleta.

Aunque a veces es ésta la intención, muy a menudo, es mantenernos en la dirección del viento que más nos facilita vivir manifestando al Ser. Así somos más capaces, más fuertes, más sabios... Ese, más, como valor añadido a nosotros, en beneficio de todos.

Desde el macrocosmos al microcosmos, existimos en ellos y en cada paso intermedio, entre uno y otro. Así, existiendo en cada dimensión podemos experimentarlo todo, conectados a nuestra esencia. Respetando nuestro eje conductor, todo nos beneficia, todo nos abre a la creación.

Así como las dimensiones son niveles, nuestro cerebro tiene muchos niveles de información. Desde la información más novedosa a la información más rupestre.

Que una y otra y, todos los niveles intermedios, se muestren o no en un momento dado, depende de la dimensión en que experimentemos.

Todo está en todo, pero solo se manifiesta, se alumbra, se activa, lo que en ese momento nos beneficia.

Veamos la creación como una oportunidad para el gran conocimiento y, si podemos encontrar en cada momento nuestro eje conductor, activaremos los niveles que más rápidamente conectan con el Ser, la Luz y el Amor.

Cada vez hay más Seres despiertos. Cada vez hay más Seres que se mueven en la justa medida. Todo cuanto acontece es para que encontremos esta justa medida.

Vivimos expériencias completamente contrarias, porqué aunque inconscientemente somos muchos, conscientemente somos Uno y somos el mismo.

Sino cómo se explica que el sentir sea lo que une a los Seres. Si no nos identificamos tanto con nuestro Personaje. Si nos identificamos más con nuestro Ser el sufrimiento y la desmesurada alegría no tendrían necesidad de ser.

¿Qué necesita la Tierra?

Que nuestra conexión con Ella, aumente.

Que nuestra conexión con la naturaleza, aumente.

Que nuestra conexión con los Seres humanos, aumente.

Así, acercándonos a todos y a todo pensaremos y accionaremos para el bien de todos y en ese momento la medida justa será una realidad en la nueva Tierra.

Mientras no llegue ese momento, vivamos las experiencias desde la justa medida, para no perder la CONFIANZA en que "a pesar de…" el Creador nos cuida y nos ama a todos por igual.

Todo empieza en cada uno. El mundo se crea en cada uno para compartirse con todos. De ahí la importancia de mantenernos limpios. La limpieza permite experimentar la íntima conexión con el Origen y poder disfrutar de sus beneficios, que son muchos.

Limpiemos nuestro cuerpo físico. Hay una regla muy simple y conocida de todos. Los alimentos que más nos nutren son los alimentos naturales, casi sin manipular. Limpiemos especialmente nuestros órganos.

Limpiemos nuestros pensamientos, así nuestra mente se calma. Para limpiar más fácilmente nuestra mente hagamos silencio. Ya hay demasiado ruido fuera.

Para limpiar nuestras emociones, sean o no dañinas, una vez experimentadas disolvámoslas para que no permanezcan en nosotros. Limpios de emociones somos capaces de entregarnos a las experiencias desde el Amor.

Limpiémonos de las palabras. Son pura energía.' Que sean palabras nacidas del Amor. Solo del Amor.

Y si queremos, y lo sentimos, limpiemos a nuestros ancestros, aprovechando todas sus experiencias vividas.

Si las vivieron desde el Amor, son experiencias que ya no nos toca vivir y si hay algunas para limpiar, y que nosotros vivimos, vivámoslas aceptándolas y comprendiéndolas desde el estrecho vinculo con el Origen. Solo así se limpian.

Cuánto más cerca del Amor y la Luz, más fácilmente experimentamos la vida con CONFIANZA, en nosotros mismos y en el Universo.

La CONFIANZA es una variable global en nuestro proceso que, si tiene un peso especifico grande, se prioriza frente a otras variables particulares de diferentes procedimientos, permitiéndonos experimentar solo aquellas experiencias que dependen globalmente de la CONFIANZA.

Así en la Tierra, coexisten muchas Tierras dependiendo del grado de CONFIANZA de cada Ser.

Si somos confiados, no vivimos experiencias que trabajen la CONFIANZA, porqué ya la tenemos. Seamos conscientes de ello y aceptemos vivir nuestro camino, seguir el "llamado", con CONFIANZA plena. Será mucho más fácil y mucho más enriquecedor.

Así de entre los muchos "yos" que están en nosotros escojamos expresarnos desde el "yo confiado" para vivir en la Tierra, donde la CONFIANZA con el Creador es plena y viviremos en el gran paraíso, ya ahora.

Los vegetales tienen un proceso vital más corto que nosotros, y podemos verlo de forma completa. Tienen un crecimiento, un punto álgido, en el que son óptimos y una degeneración.

En cada etapa existen parásitos que quieren colonizarlos y en la etapa de la degeneración es mucho más fácil para ellos.

Los parásitos, también, nos facilitan el proceso de desencarnar.

Los parásitos nos pueden cuando tenemos una actitud concreta frente a la vida o frente a alguna experiencia. Si conseguimos limpiarnos de esa actitud que no nos beneficia y vibramos en el Amor, los parásitos no se desarrollan ni sobreviven en nosotros.

Con nuestras actitudes producimos vibraciones sutiles que les permiten desarrollarse y vivir. Así pues esas vibraciones sutiles, que producimos con nuestras actitudes nacen en nuestra mente y nuestras emociones.

No somos lo que sentimos. Somos.

Esa es la verdadera realidad. Estamos experimentando para evolucionar desde la materia a la no materia. Lo que nos impide avanzar está fuera de nosotros. Solo lo que está dentro, nos facilita el avance.

No somos lo que pensamos, decimos y hacemos. Somos.

Ser no conlleva límites.

Ser no conlleva impedimentos.

Ser no conlleva sufrimiento.

Ser no conlleva oscuridad.

Somos, muchas veces, parecidos al bambú decantándonos según el viento. Eso es bueno si no perdemos de vista nuestro tronco, nuestro eje, pues es el que nos permite tener este movimiento sin rompernos.

Encontrar la justa medida en el movimiento y mantenernos en el eje, es fruto de una atención plena para no inclinarnos demasiado hacia acciones que no son responsabilidad nuestra.

Escuchando el silencio que nos envuelve nos posibilita escuchar las vibraciones que llegan de la corriente universal. Si sentimos que nos benefician, afinémonos con ellas y todo irá bien. Afinados, nos limpiamos de todo lo que no nos pertenece: bloqueos, tensiones, tristezas, preocupaciones... que están en el entorno global y que muchas veces, inconscientemente, adoptamos como nuestras.

Un instrumento afinado está preparado para interpretar su obra, no una obra distinta.

Ser cada vez más conscientes de lo que es realmente nuestro, nos afina y así, nuestra pieza sonará mucho mejor.

CUADERNO 9

Vacíos de todo, dejemos que el movimiento de nuestro corazón lleve a todas nuestras células, el Amor. Con esta sensación de expansión, de liberación, desprendamos Amor el día de hoy con la intención de llegar al final del día, con esta misma sensación.

Será una señal inequívoca de que hemos vivido cada instante, desde nuestro Ser y hemos aceptado y comprendido cada experiencia para nuestro crecimiento.

Cuando vivimos en un estado de felicidad, nos envolvemos de nuestra aurora boreal particular. Porque la felicidad nace en el interior y se expresa en el exterior.

Son los rayos de Luz de nuestro Ser que trascienden nuestro cuerpo físico y se disuelven en el exterior construyendo, momentáneamente, formas y colores dejándonos a todos en un estado de contemplación obligado.

Si vivimos desde la infelicidad nos sumimos en la completa oscuridad. Nuestra vida y la de la mayoría de los Seres humanos, transcurre entre estos dos estadios, de Luz y oscuridad, de felicidad e infelicidad.

Escojamos vivir desde la felicidad para alumbrar a otros y contagiarles el bienestar.

Desterremos la infelicidad de nuestras vidas, más a menudo, conscientes de la oscuridad en la que nos sumerge.

Aceptar y resignarse no es lo mismo que aceptar y comprender.

Lo primero nos hace vivir cabizbajos, sin entusiasmo dejados de la mano de Dios.

Lo segundo nos permite mirar de frente al horizonte y esforzarnos en vivir cada experiencia como una oportunidad de crecimiento.

La actitud que tenemos frente a la vida se manifiesta en el cuerpo físico, en su postura global. Especialmente cuando vivimos la segunda fase de la vida, a partir de los 54 años, se acentúa esta actitud y se acentúa, en nuestra postura.

Escojamos vivir sin caída libre o como si nos arrastraran por la pendiente negativa que nos devuelve al río o al mar.

Esforcémonos en vivir menos acelerados, profundizando en las experiencias y contemplando, cuando lo sintamos, el horizonte.

Aproximadamente a los 54 años es cuando cargamos con todas las experiencias pendientes, que se han implantado en nuestra mente y con solo algunas emociones, que nos permitimos experimentar.

Resolvamos la pendiente, moldeando de nuevo nuestra mente e incorporemos otras emociones para experimentar.

Todo cambiará y llegaremos al rio o al mar, ágiles para nadar y continuar el camino hacia la Luz, sino fácilmente podemos ahogarnos y no será muy agradable.

Cuando practicamos el sentir, a veces olvidamos nuestro cuerpo. Si una parte de nuestro cuerpo físico requiere de nuestra atención, debemos dedicarle tiempo.

Preguntarnos acerca de ello pues, cada parte de nuestro cuerpo está formado por pequeños Seres vivientes que a veces necesitan ser escuchados, sino gritan o chillan para que les prestemos atención.

Nuestro cuerpo físico tiene una parte dura, una parte blanda y una parte eléctrica.

Si nuestros pensamientos son duros, si nuestras palabras son duras, si nuestras acciones son duras, nuestra parte dura se vuelve más dura y robusta. Este exceso de dureza tiende a instalarse en nuestra parte blanda.

Pudiendo ocurrir que nuestra parte dura, contenga partes blandas y nuestra parte blanda, contenga partes duras.

Es a través de la tercera condición de nuestro cuerpo, nuestra parte eléctrica, que podemos recuperar el equilibrio entre lo duro y lo blando. Esto conlleva el preguntarnos y el preguntarnos, requiere silencio y tiempo, porque necesitamos abrirnos a la comprensión de las causas de estos efectos.

Hay momentos en que preguntarse se hace necesario.

¿Qué me impide estar sentado y relajado?

¿Qué es lo que me endurece?

¿Qué es lo que me priva de ser más blando, más adaptable, más moldeable?

¿Qué me impide ser más libre?

¿Qué es lo que me hace sentir pena y tristeza?

Será que

¿Me siento confundido?

¿Me siento frustrado?

¿Me siento dejado de la mano de Dios?

¿Me siento en este momento de mi vida, insatisfecho?

¿Si me nutro adecuadamente, porqué no me siento nutrido?

¿Si descanso adecuadamente, porqué no me siento descansado?

¿Si me entrego al trabajo, porqué a veces lo siento inútil?

Las respuestas a estas preguntas son importantes para vivir el momento presente.

Vivamos el momento presente, limpiemos el pasado y no vivamos el

futuro, antes de tiempo. El momento presente, el aquí y el ahora, este instante, puede ser eterno o fugaz, dependiendo de nosotros.

Ahora es tiempo de limpieza. De limpieza profunda. Tiempo de limpiar el pasado para no caer en las mismas trampas.

Ahora es tiempo de entregarse al presente y prepararse para el futuro.

Muchas veces nuestro presente es una mezcla del pasado y el futuro.

Tengamos un presente limpio, simple y luminoso.

En nuestra más profunda profundidad encontramos al miedo. Miedo al cambio y el cambio es inherente a la vida. El cambio implica movimiento.

El movimiento es esencial para mantenerse en la armonía y en el equilibrio. No impidamos este movimiento constante entre dentro y fuera de nosotros.

Dialoguemos con nuestra mente y nuestras emociones para que faciliten este movimiento.

No descuidemos tampoco nuestro ritmo. El ritmo es personal, singular, de cada cosa creada. Escojamos el ritmo que nos facilite vivir y no sobrevivir.

No nacemos condicionados, solo que cuando alguien logra cambiar su futuro, creemos que ha sido un milagro.

Nada nos condiciona.

Somos libres y podemos.

Si nuestra voluntad está alineada con la voluntad del Creador, nada es imposible. Lo que equivale a decir que todo es posible. Una expresión y otra tienen un significado bien distinto.

Que nada es imposible, requiere de un esfuerzo inicial para creer que en la Nada está el Todo y es desde la Nada que todo se consigue. Esa creencia no está muy arraigada en nuestra sociedad y para practicarla, hace falta iniciarse en el esfuerzo.

Que todo es posible, denota tener el poder. Partimos del Todo y el Todo, para una gran mayoría es, ya, haber alcanzado lo que uno anhela o quiere. El esfuerzo aquí, ya no se necesita porque el Todo, lo pone todo a nuestro alcance.

Estemos atentos a como hablamos porque ya denota si nuestra creencia pasa primero por el esfuerzo o no.

Si necesitamos el esfuerzo, el día a día nos distrae para que no lo consigamos. Porque todo requiere un esfuerzo y, a menudo, nos agotamos.

Si partimos de que no hace falta el esfuerzo porque ya lo tenemos todo, viviremos más fácilmente disfrutando de la vida.

Aceptar el constante movimiento en nosotros, el otro y el entorno, solo es posible desde el Amor.

Comprendiendo precisamente que este movimiento es lo que nos hace libres.

Así hemos de vivir, libres. Tal como hemos nacido y, desde esta libertad, experimentar la vida.

La practica constante de la libertad de movimiento, entendiendo el movimiento de forma global, nos facilita vivir disfrutando de la vida.

La libertad es un don preciado que se nos ha dado a todos.

No lo retengamos, no lo mal usemos, no lo deleguemos.

Es para nuestro crecimiento y en la medida en que somos libres, somos poderosos. Poder que debemos ejercer para transformarnos en los nuevos Seres humanos que habitaremos la nueva Tierra.

Eso ya está cerca.

CUADERNO 10

Será necesaria como base de construcción de una nueva sociedad, la paciencia. La Paz y la ciencia, ingredientes que compartimos la gran mayoría de nosotros. Será, poco a poco, que se podrá construir esta nueva sociedad en la que prime el bien común y no el bien personal.

Así pues, desde hoy paciencia. Palabra que debemos mantener presente cada nuevo día y cuyo significado debemos comprender.

Paz: para cada uno y para todos.

Ciencia: mente clara para discernir, para proponer, para comunicar.

Será desde nuestra vibración particular que la paciencia será posible y cuando sea necesario, solo cuando sea necesario, dejarnos envolver por la vibración del conjunto de la sociedad.

Seleccionemos la información que nos llega, para facilitar que nuestra vibración sea autentica.

Escuchemos solo lo que sea armónico con nuestra Paz y nuestra ciencia. Nuestra esencia ya está en armonía con ellas.

Activemos el vinculo con nuestro Ser para mantener nuestra Luz, nuestra vibración, y sea ésta una esfera suficientemente potente para impedir la penetración de energías o vibraciones que no nos pertenecen.

Respiremos juntando las palmas de nuestras manos para reforzar la esfera y armonizarnos.

La vida compartida tiene un importante significado, que es compartir la vida para que cada uno pueda hacer su camino.

Compartir la vida es compartir la Luz y la sombra de cada uno. La primera para que crezca y la segunda para que disminuya.

La Luz es la alegría, el disfrute, es alcanzar la meta, es crecimiento…

La sombra es la tristeza, el desaliento, es sentirse débil, es decrecimiento…

Es bueno en la vida compartida, reflexionar en voz alta sobre este compartir la vida, tan particular de cada uno para que realmente la Luz crezca y la sombra disminuya. Siempre es un ejercicio positivo.

Componer y descomponer es una acción constante en la vida de cada día. Si conseguimos aceptar y comprender la vida desde esa perspectiva podemos trascender el día a día y disfrutar de la vida.

Somos Seres alados que hemos ido descendiendo, dejando características de nuestra verdadera naturaleza, en el camino.

Es con la respiración a "corazón abierto" que podemos conectar con el Ser y experimentar en los distintos niveles. En nuestro cuerpo físico está el punto de anclaje de nuestras alas.

Si abrimos nuestro corazón y respiramos, podemos intuir como está ese punto. Activo o no.

Nuestra estructura física se relaciona con nuestra estructura energética. Cuanto más se relacionan, mejor nos encontramos.

Si lo pedimos podemos pasar de Seres terrenales a Seres alados, no sin antes abrir nuestro corazón, para poder ascender por la columna vertebral del Ser.

Reconstruyámonos ascendiendo en momentos de meditación, gracias a la respiración.

Nos trasladaremos a la nueva Tierra, lugar del disfrute y del regocijo.

Cuantos más Seres conecten con su Ser, más fácilmente otros Seres podrán hacerlo.

Así es la transformación, instante a instante.

Así es la ascensión, paso a paso.

El tiempo es una variable importante en el planeta Tierra, pero es relativa para el Universo donde todo se da en el Ahora.

La independencia debe vivirse en cada uno. Somos autosuficientes en todo, aunque muchas veces lo olvidamos. Dejamos que nuestro ego nos gobierne o nos dejamos gobernar por los apegos.

El ego crece porque se siente débil el Personaje que representamos. Necesita valerse del ego para ocultar su debilidad y someter, dirigir, aprovecharse del otro. El ego lo tenemos muy conocido y sabemos que se metamorfosea continuamente.

Para el apego es necesario un trabajo constante, porque hay miles de apegos en nuestra vida de cada día y lo que hace, es encarcelarnos y encarcelar a los otros, privándonos, a todos, de la anhelada libertad. Desapeguémonos, si podemos de nuestros pensamientos, palabras y acciones. Cambiemos hábitos y descubramos que somos, sin necesidad de los apegos.

No deifiquemos a personas que como nosotros forman parte de la Humanidad, así no nos defraudarán. Seamos observadores, experimentemos desde la observancia, viviremos mucho más libres.

Cuán importante es la vibración, os hemos dicho algunas veces y, lo es, pues conecta con una realidad concreta. Seamos conscientes de que vibración nos ocupa.

El sentir es una forma elevada del pensamiento.

La música en una forma elevada de la palabra.

La acción es una forma elevada del movimiento.

En cada momento ejercemos nuestra total libertad para vivir y experimentar en la forma que es la materia. Porque la materia, también, tiene distintas frecuencias, desde la más densa a la más sutil.

No por ser materia es, en sí misma, densa, opaca, de baja frecuencia. Hay materia elevada, llena de Luz.

Esa materia es la que alimenta nuestro Ser y cada vez que tomamos conciencia y nos abrimos a la Luz, nutrimos más y más nuestro cuerpo físico.

Vivimos en el mundo de la dualidad, pero nosotros debemos unificarnos.

Si sentimos la dualidad bien presente en nosotros podemos unificarla. Para ello, sonriamos, dancemos, y no mantengamos en nosotros la preocupación, la duda y el miedo. Vivir, confrontados continuamente, en la dualidad, es malvivir.

Cuando se dice que todo es correcto y todo está bien, se refiere al Universo, no a cada uno de nosotros, que evidentemente debemos hacer el bien.

Cuando hacemos el bien, nos encontramos bien.

Cuando nos encontramos mal es que algo hacemos mal.

Cada uno tiene sus necesidades y hay que atenderlas con constancia y coherencia. Solo así encontraremos el tiempo.

Si necesito silencio, encontrar tiempo para el silencio en el día a día.

Si necesito dialogar, encontrar tiempo para el dialogar en el día a día.

Si necesito andar, encontrar tiempo para el andar en el día a día.

Si necesito descansar, encontrar tiempo para el descansar en el día a día.

Cuando nos unificamos no vivimos en el mundo de la dualidad, sino en el mundo de la trinidad.

El reloj de la composición y descomposición se focaliza en cada uno de nosotros desde el momento en que existimos, en este planeta Tierra.

Damos y recibimos, constantemente, en equilibrio y en armonía, si construimos nuestro eje. Así, lo experimentamos todo para poder sentir cuando nos componemos y cuando nos descomponemos.

Es importante el camino y no la meta. Es necesario, durante el camino, el crecimiento.

Crecimiento que debe darse tanto horizontalmente como verticalmente, de forma alternada. La adaptación entre uno y otro requiere tiempo. Seamos pacientes.

Estamos en momentos importantes para el Ser humano ya que desde el Origen llega nueva energía que se expande por todos y por todo.

Abrámonos a lo nuevo. Renazcamos de nuevo para que esta energía permanezca en nosotros. Solo hay que abrir el corazón y conectarnos al Amor. Con eso basta para transformar la Tierra y a cada uno de nosotros. Entreguémonos a esta experiencia con plena CONFIANZA.

Todo se dará de forma natural.

Hoy es momento para mover la energía de la compasión y el perdón, para que lleguen al corazón de todos los Seres, en especial, de los que ejercen el poder desde esta carencia.

La compasión y el perdón son frecuencias de elevada vibración que se conectan directamente al corazón. Tomémonos un tiempo cada día para sentirlas y mantenerlas vivas en el ambiente.

Todos somos responsables de la estela energética que dejamos allí donde vamos. La estela energética es la vibración en la que nos movemos y perdura, en el espacio/tiempo, para todos los que vienen detrás.

CUADERNO 11

Ser o no ser, esa es la cuestión. La actitud de indefinición no es consustancial a la vida, en este Universo. En todo momento debemos tomar la decisión de ser o no ser, sino nuestro organismo formado por millones de pequeños Seres sintientes, acogen esta indefinición en ellos mismos y se desconectan.

Desconexión que compota la no correcta realización de sus funciones, que nos construyen a cada instante.

Seamos o no seamos, pero no nos mantengamos en la indefinición, porque no nos beneficia.

Escoger es fácil en este Universo porqué solo hay dos opciones. Es un Universo binario. Para el Universo, no hay tonalidades ni claroscuros.

O somos o no somos.

O amamos o no amamos.

Estamos dotados de conocimiento para decidir, si nos mantenemos en la indecisión estaremos a merced del azar. La fuerza del azar radica en la indecisión. Si decidimos, tenemos el poder nosotros.

Reencuentro con el *Ginkgo*.

Despojado de abundancia, despojado de belleza, el Ser se manifiesta en la estructura, en la forma, en cada hoja. Su sutilidad se percibe a través del tacto sedoso. Así es el Ser, perenne y manifiesto, más allá de la materia.

El reencuentro es pura emoción y remembranza de lo compartido otras veces. Remembrar para no olvidar.

La entrega gratuita y amorosa de todas sus cualidades, se halla en cada hoja. Tomémoslas con respeto y agradecimiento porque con ellas incorporamos Amor y Luz a nuestra materia.

Somos una réplica densa de un Ser sutil.
Somos una réplica material de un Ser inmaterial, que en cada replica, adapta sus cualidades según el espacio en el que se manifiesta.

Debemos experimentar que toda réplica está conectada a la original. En cualquier momento podemos manifestar, en cualquier espacio, ese Ser original, en un momento dado.

Dejamos de ser réplica de nuestro Ser original cuando nos unificamos entre nosotros para manifestar a un Ser grupal o colectivo que en algunos momentos anula la voluntad individual para ejercer la voluntad colectiva.

Todos tenemos un tensor que mide nuestra resistencia a la buena vida.
Experimentamos distintos grados de resistencia hasta que el tensor se rompe o decidimos dejar de resistirnos a la vida.

Es entonces cuando nos dedicamos a descubrir la causa profunda que nos fuerza a resistirnos.

La resistencia nace del cambio constante en la vida y que no aceptamos por muchas actitudes, pero la más profunda es el miedo.

Frente al miedo se dice que nos paralizamos, que no es el caso o huimos, que tampoco es el caso, o luchamos y sí, que es el caso.

Hay una lucha interna constante. Frente a quién, a qué, o porqué, hay que descubrirlo.

Confiemos en nosótros.

La visión externa de la vida que experimentamos a partir de los cinco sentidos físicos nos dificulta la visión interna de la misma. Es cuando alguno de los sentidos físicos se debilita o desaparece que oportunamente se despiertan los sentidos sutiles que nos permiten percibir esta otra realidad.

Si no queremos llegar a este punto, con los sentidos físicos despiertos, podemos despertar los sentidos sutiles si les dedicamos tiempo.

No somos Seres aislados, sino Seres colectivos y entre todos construimos y mantenemos la realidad.

Pasar del individualismo al colectivismo es transformar nuestra visión de la realidad, pasar del exterior al interior y desde esta posición, este punto, experimentar.

La libertad es una cualidad innata en la creación. Ahora estamos experimentado la libertad cuando movemos la energía de la Paz para avanzar en el camino hacia el Ser y manifestarlo en nuestra vida diaria. Para eso nos despojamos de todo lo que nos hace singulares y acogemos, desde el corazón, todo lo que nos une.

Vivamos cada paso de esta experiencia no por obligación, no por necesidad, no por dominación sino para el disfrute y con CONFIANZA alcanzaremos un mayor bienestar para todos.

Todo cambio produce o induce una compensación. Compensación que puede ser visible o invisible, para mantener el equilibrio dinámico y la armonía.

Si estamos en conexión con nuestro Ser, todo cambio será compensado y mantendremos el equilibrio y la armonía. Será una compensación momentánea.

Pero si estamos desconectados de nuestro Ser, nuestro cuerpo, nuestra mente y nuestras emociones nos supondrán un gasto extra de energía, para compensarnos.

Es mucho mejor trabajarse para mantener la conexión con el Ser, que trabajarse para compensar el cambio.

Las tres palabras: movimiento, armonía, Luz declaran los tres principios fundamentales que sustentan el conocimiento oriental de la energía.

Todo cambia: Movimiento.

Todo está conectado: Armonía.

Todo posee un Qi : Luz.

Si se respetan y se tienen presentes estos tres principios en nosotros, en nuestro cuerpo o cuerpos, nos mantendremos en el bienestar.

Ahora es tiempo ya, para que los cabizbajos y taciturnos se transformen.

Los cabizbajos no tienen un eje que los sustente y no alcanzan a ver el horizonte, continuamente miran hacia su ombligo. Los taciturnos no experimentan en la luz pues viven cuando hay oscuridad.

Que los cabizbajos se yergan para ver el horizonte y los taciturnos despierten temprano para ver la salida de la Luz del Sol.

Es justo en ese momento, en el horizonte, que se crea una cruz entre nosotros y Él y en el centro, la Luz. Eso es lo que somos, una cruz de Luz, en nuestro centro para no perdernos en el camino y saber a dónde ir en el momento oportuno.

Habrá cada día menos cabizbajos y taciturnos, porque estas actitudes no pueden permanecer en la nueva Tierra. Todos alcanzaremos, erguidos, la Luz.

Mostrémonos frente a nosotros mismos y frente a los demás tal como somos. No neguemos nuestros dones. Es de obligado cumplimiento utilizarlos en beneficio nuestro y de los demás. Todos hemos nacido dotados.

Muchas veces no los descubrimos, otras veces nos pasan desapercibidos y algunas veces los utilizamos solo en beneficio propio.

Así pues, desde el Amor y la Luz, accionemos nuestros movimientos con la fuerza que nos ha sido dada, con la cualidad que lleva adherida nuestro don.

Si somos capaces de transformar con la mirada, miremos desde este don.

Si somos capaces de transformar con la sonrisa, sonriamos desde este don.

Si somos capaces de transformar con el abrazo, abracemos desde este don.

Todo don debe ser cultivado y así se desarrolla y crece, hasta alcanzar el máximo esplendor.

Si conocemos cuál es nuestro don. No lo neguemos. Negándolo nos marchitaremos hasta desaparecer.

Mostrar tu don, permite a los demás descubrir su don. Y eso es muy importante para el Universo.

El don incorpora en sí mismo la fuerza de la creación, al servicio del Universo. Ese regalo del Creador debe ser abierto para el disfrute de uno mismo y de todos.

El movimiento armónico de la Luz es el punto de encuentro de todo lo creado.

Ese movimiento constante, dinámico y equilibrado nos conecta con el Mi Mismo y es lo que hacen, las distintas técnicas desarrolladas por el Ser humano, facilitar esta conexión. Liberando, limpiando, conectando, uniendo, reconstruyendo… siempre desde el movimiento en nuestros pensamientos, nuestras emociones y nuestro cuerpo físico.

En especial, el movimiento espontáneo, el que nace en el Ser, es el facilitador de ésta conexión con el Mi Mismo.

Así, conectados con el movimiento, sin calificativo alguno, es cuando se potencian, la armonía y la Luz. Tres factores intrínsecamente vinculados.

Movimiento en nuestra mente, para incorporar nuevos patrones. Patrones móviles que nos facilitan el movimiento en nuestras emociones y nuestro cuerpo físico.

Cada movimiento es singular. Movimiento implica dirección y sentido, elegido por cada uno de nosotros a cada momento.

Seamos cada vez más conscientes del movimiento. Nos facilitará comprender más cosas de nuestra vida de cada día.

El movimiento es constante en el Universo y en nosotros. Reconocemos los movimientos conscientes pero los inconscientes nos pasan desapercibidos y tienen suma importancia para avanzar en nuestro conocimiento pleno.

A menudo los movimientos inconscientes nacen cuando se enciende la luz de alarma de la supervivencia, ya sea material, mental o emocional y es, en ese movimiento nacido de ese estado, que nos movemos desde el egoísmo y no desde el Amor.

Ser consciente de que a menudo los movimientos inconscientes dirigen nuestra vida, nuestra salud, nuestra mente y nuestras emociones es de gran importancia en estos tiempos de cambio, ya que los cambios provocados desde este ego de supervivencia, nos desgasta y desgasta nuestro entorno.

Si somos Seres eternos y Seres amorosos, ¿por qué es tan importante sobrevivir?

Si la muerte, no existe, solo el cambio está presente, el cambio que posibilita la transformación del Ser humano, en el Ser de Amor y Luz.

Estemos atentos al movimiento que nace en nosotros para descubrir si es un movimiento consciente, acompañado por nuestra voluntad o inconsciente, generado en nuestro ego superviviente.

Así haremos conscientes muchos más movimientos y esos, sí, nos permitirán avanzar en nuestro propio conocimiento y ser en mayor medida ese Ser de Amor y Luz.

Debemos tender a desear una nueva vida en la Tierra y no tanto, a anhelar esa nueva vida.

Desear significa sentirse atraído por algo hasta conseguirlo, pero también implica recordar o tener memoria de algo que ya habíamos conseguido y por eso, nos atrae.

Anhelar significa tener añoranza de algo que fue y ya no es, pero también implica que eso es muy difícil de conseguir de nuevo.

El movimiento circular, en especial, es el movimiento que atrae al elemento agua. Así visualizar y realizar este movimiento alrededor de un elemento central potencia al elemento agua.

La danza en forma de círculos, es la danza meditativa, que va elevando la vibración, transforma los círculos en espiral y llega hasta el elemento agua moviendo, así mismo, sus moléculas y trayéndolas en sentido descendente hacia la Tierra. Eso es la lluvia.

Se necesita mucha agua, a veces, para disolver las intensas emociones que vivimos y revivimos, enquistándose en nuestro cuerpo en cúmulos de materia que nos alejan del bienestar.

El agua hace limpio.

Somos Amor y Luz en movimiento, este es nuestro origen. Después vienen los cuatro elementos que nacen del Amor en movimiento y conforman todo lo creado.

Somos tierra, agua, fuego y aire en perfecto equilibrio y armonía. Menos cuando las circunstancias que vivimos nos pueden.

Esforcémonos en mantenernos vivos. Vivos significa movernos desde el Amor, y no habrá nada que nos pueda.

No permitamos que el puro fuego del entorno, apague nuestro fuego.

No permitamos que el exceso de agua del entorno, ahogue nuestra agua.

No permitamos que la tierra rígida del entorno, elimine la hechura de nuestra tierra.

No permitamos que el aire que se inicia en el entorno, dirija el movimiento de nuestro aire.

Si somos conscientes y estamos atentos serán nuestros elementos que van a equilibrar y armonizar el entorno.

Sentir la vibración que llega del Universo, a cada momento, es estar preparado para lo que ha de acontecer.

Es encontrar la llave para abrirnos, a cada nueva experiencia, llenos de CONFIANZA.

Es tiempo para la recolección de semillas que más tarde vamos a sembrar en la tierra más adecuada para cada una de ellas. Así germinarán con CONFIANZA y llegarán a su máximo esplendor.

Continuad disfrutando de la vida, desde el corazón amoroso.

Esa es la frecuencia que todo lo posibilita porque conecta con todos y con todo, uniéndonos y que, si se mantiene en el tiempo, llega a unificarnos.

Respirar Luz nos permite reconocer mejor sus tonalidades y las cualidades que tiene.

Ahora, solo nos queda compartir con CONFIANZA que la Luz es imprescindible para vivir.

ÍNDICE

FT-2